MORY
et la belle histoire du transport

Collection
« Un écrivain raconte »
d'après une idée
de Guy Authier

Michel Rachline

MORY et la belle histoire du transport

Albin Michel Communication

DILIGENCES
LILLE, DUNKERQUE, BRUGES, GAND, OSTANDE CAMBRAY
DOUAY BRUXELLE, ROYE MALLINES,
MONS, ANVERS, LA HOLLANDE, NAMUR, LOUVIN, LIEGE, MASTRECK, AIX
SANLIS, COMPIENE, NOYON, S.T QENTIN,

Au lecteur

Cet ouvrage est le résultat d'une démarche nouvelle entreprise par des éditeurs.

Elle a été étudiée par eux depuis des années.

Son but est de créer enfin une culture économique et scientifique en parallèle à la culture générale si chère aux Français. La culture économique ne peut pas se développer sans la collaboration étroite d'un éditeur, en l'occurrence Albin Michel Communication, et des professionnels qui consentent à mettre leur expérience à la disposition des lecteurs.

Tous les industriels, tous les prestataires de services, tous ceux qui font avancer le bien-être et la science sont conviés à cette passionnante entreprise.

Notre époque est celle de toutes les connaissances.

Au-delà des techniques révolutionnaires, le livre demeure l'instrument culturel et le moyen de communication le plus efficace et le plus sympathique.

Que Mory soit ici remercié de l'avoir compris. Pionnier dans son domaine, il prend place, avec ce livre, dans la bibliographie du savoir accessible.

L'arrivée de la diligence (Louis Boilly, 1761-1845; musée du Louvre).

Si cet ouvrage vous a intéressé, il vous suffira d'adresser votre carte de visite aux Éditions ALBIN MICHEL COMMUNICATION, 22, rue Huyghens, 75014 Paris, pour recevoir gratuitement nos bulletins par lesquels vous serez informé de nos dernières publications.

À l'aube des transports

À l'aube des transports

Page précédente :
Transport du bois par bateaux (bas-relief, art oriental, Assyrie, Khorsabad, 721 av. J.-C.).

Ordonnance royale de la prévoté des marchands de Paris : les déchargeurs du vin (Anonyme, 1500 ; musée de l'Arsenal).

Sans aller jusqu'à prétendre que la logistique et le transport ont précédé notre évolution, la Bible mentionne pourtant qu'à l'aube balbutiante de notre humanité, le premier transport structuré fut l'arche de Noé.

Si l'organisation de Mory ne prendra naissance qu'après quelques millénaires, le problème du déplacement des hommes et des marchandises n'est pas nouveau.

Cueilleur, chasseur, l'homme peu à peu se sédentarise et aussitôt il lui faut trouver les moyens de transporter ses charges.

Le traîneau, semble-t-il, est le premier véhicule connu avant qu'au néolithique il n'invente la roue, donc le chariot, et conçoive une embarcation rudimentaire qui deviendra bateau.

Passent les siècles et les campements deviennent villages, bourgs, villes. Tous ces phénomènes d'urbanisation engendrent des contraintes et des besoins nouveaux en matière d'approvisionnement, de circulation, de distribution, mais également d'évacuation. Manutention, stockage et transports deviennent des préoccupations primordiales influant sur le choix des sites où est prise en compte la proximité des voies naturelles d'accès.

Recueil des « Histoires de Troyes composé par Raoul le Jeune pour Philippe de Bourgogne », port et moulin (manuscrit du XVe siècle, Bibliothèque nationale).

Ordonnance royale de la prévoté des marchands de vin (Anonyme, XVIe siècle ; musée de l'Arsenal) et ordonnance royale de la prévoté des marchands de Paris. Du Mesrieu et Buche (Anonyme, XVIe siècle ; musée de l'Arsenal).

Guerres, invasions, conquêtes, dominations, empires ; l'humanité se développe, se structure, et se complexifient à l'infini la logistique et les moyens de communication : même l'imprévisible doit être prévu. Une armée où l'intendance ne suit pas, où la solde se fait attendre, se débande. Une invasion sans chariots pour transporter armes, matériels et butins, ne peut s'étendre. Un empire sans moyens de communication pour imposer sa domination s'écroule.

Partout, toujours, la communication et les transports sont prépondérants, rien ne peut se créer sans eux. La route reste encore aujourd'hui le principal vecteur des transports en Europe et cette décennie achève de rendre au réseau son unité d'il y a deux mille ans.

La civilisation, c'est la communication. L'inverse est aussi vrai. En effet, pour qu'une civilisation éclose, s'épanouisse et se propage, il lui faut les moyens de communiquer, c'est-à-dire d'informer et de transporter. Aussi le transport a-t-il été de tout temps un trait d'union entre les hommes, et l'information la genèse de notre société.

Les origines du transport

Les deux plus grandes découvertes concernant le transport sont la roue et le bateau.

Bien que l'on ne puisse établir avec certitude l'origine de la roue, une tradition chinoise prétend qu'elle est due à la contemplation d'un sage qui vit rouler une fleur de chrysanthème poussée par le vent. Au Proche-Orient, on rattache l'apparition de la roue au culte solaire. Enfin, selon une autre hypothèse, la roue serait issue des techniques du potier façonnant l'objet circulaire sur une planche qu'il devait faire tourner.

La dernière supposition, celle-ci plus prosaïque, fait remonter son origine au transport de grosses masses sur les troncs d'arbres...

Quoi qu'il en soit, la roue est, à sa création, pleine et solidaire de

Les armes et le vin sont portés aux navires (Tapisserie de Bayeux, XIe siècle ; Bayeux).

l'essieu. Elle commence à s'alléger à partir du premier millénaire avant Jésus-Christ : on retrouve des roues à rayons égyptienne, étrusque et assyrienne datant de cette époque.

Il semble que les civilisations grecques et orientales ne connaissent que le char à deux roues. Ce sont les populations celtes et germaniques qui donnent aux Romains l'idée d'employer pour le transport le chariot à quatre roues qui leur sert alors d'habitation...

L'origine du bateau est sans doute plus ancienne : elle serait née des populations vivant dans les villages lacustres élevés sur pilotis. Contrairement à ces premières barques construites dans une perspective statique liée à la pêche, les civilisations égyptiennes et autres peuples vivant au bord des fleuves fabriquent des embarcations profilées adaptées au transport.

À la fin du néolithique, les bateaux égéens glissant sur la Méditerranée possèdent une infrastructure formée d'une quille, de couples et de bordages. Ils sont équipés d'une voile carrée et de deux grandes rames disposées à la poupe faisant office de timon.

À ce stade de développement les navires n'évoluent guère et se limitent à augmenter la surface de voilure et à accroître la propulsion par un nombre croissant de rames.

Les véritables bouleversements, en matière de navigation maritime, n'interviendront qu'au cours du Moyen Âge...

Conflans-Sainte-Honorine (gravure, 1825 ; musée de la Batellerie).

Charles Martel et son chambellan reçoivent un message d'Eudes (Grande Chronique de France, vers 1375/79, Bibliothèque nationale).

Paysage avec route inondée et moulin à vent (détail; Jan Breughel dit de Velours, 1568-1625; Munich Alte Pinakothek).

Les premières messageries

Le besoin de communication et d'échange d'information se fait sentir bien avant l'apparition de l'écriture. En effet, les premiers messagers transportent des messages oraux puis des inscriptions n'ayant de signification que pour l'expéditeur et le destinataire. Les peuplades primitives d'Australie utilisent les *sticks-messages* (messages par bâtons) ; les Incas envoient des quippos, sortes de cordelettes de fils de laine de plusieurs couleurs sur lesquelles sont placés des nœuds à différentes hauteurs.

Page suivante :
Paysage (détail; Philippe Verali, XVIIe siècle; Orléans).

Pour gérer l'empire de Perse, Cyrus met en place une véritable organisation postale. Peu de temps après, Rome organise aussi des messageries autour des « postes ». Ce nom vient du latin et signifie « station », lui-même dérivé de *positus* (placé).

Le cursus publicus

En 31 avant Jésus-Christ, la *pax romana* est établie. Dès lors, Auguste met en place une véritable infrastructure routière. Ce réseau s'étend de la Bretagne aux côtes de l'Afrique et, vers le sud-ouest, jusqu'au Portugal, couvrant ainsi la quasi-totalité de la CEE actuelle.

Ces routes sont destinées à entretenir la paix en facilitant l'accès des légions romaines. Cependant, on y rencontre également des civils : fonctionnaires, marchands, artisans, colporteurs susceptibles de se déplacer, mais aussi les courriers à cheval et les voitures de la poste impériale.

Ce réseau postal n'est pas encore véritablement structuré. On trouve pêle-mêle les *statores* ou *cursores*, messagers des gouverneurs, et les *tabelarii* qui transportent les *tabulae*, tablettes de cire, ou encore des lettres sur papyrus et des parchemins marqués du sceau de l'expéditeur.

Le port de Bruges au XVe siècle (enluminure; Munich Bayerische Staats Bibliothek) et le port de Marseille (détail; Joseph Vernet, 1714-1789; musée de la Marine).

Vie seigneuriale, un messager (Histoire de Renaud de Montauban; musée de l'Arsenal).

Un moine scribe à l'abbaye de Saint-Denis (Grande Chronique de France vers 1375/79 ; Bibliothèque nationale).

Paris vu du quai de la Rapée en 1716 (détail ; Martin Pierre Denis, 1673-1742 ; musée Carnavalet).

Toutefois, la hiérarchie de cette catégorie professionnelle met en évidence trois groupes distincts : les *tabelarii publici* au service de l'État, les *tabelarii publicanorum*, messagers républicains détenant la ferme des douanes et de l'impôt, et les *tabelarii privati*, esclaves ou affranchis au service des particuliers.

Parallèlement, l'organisation de la poste impériale se met en place entre 29 et 14 avant Jésus-Christ sous le nom de *cursus publicus*.

Pendant plusieurs siècles, le *cursus publicus* sera le privilège des fonctionnaires militaires et civils. Disposant d'un *diplomae*, laissez-passer impérial, seuls ces privilégiés peuvent user de cette organisation. De plus, les riverains sont obligés de mettre à la disposition des messagers toute la nourriture et les véhicules nécessaires.

Mais la convoitise de ce *diplomae* entraîne sa multiplication, d'où un nombre croissant de charges pour la population et une aggravation de la circulation.

Hadrien transforme le *cursus publicus* et l'adapte en véritable service de l'État géré par chaque province.

Les gouverneurs deviennent responsables des postes et des routes de leurs provinces. Une véritable hiérarchie s'organise.

Les types de transport s'articulent en fonction du besoin d'urgence du courrier : le *cursus clabularius* utilise des grands chars à ridelles et le *cursus celer*, ou *velox*, emprunte des voitures légères et rapides.

La vitesse du *cursus clabularius* est de quatre à cinq kilomètres par heure, celle du *cursus celer* avoisine les huit kilomètres par heure !...

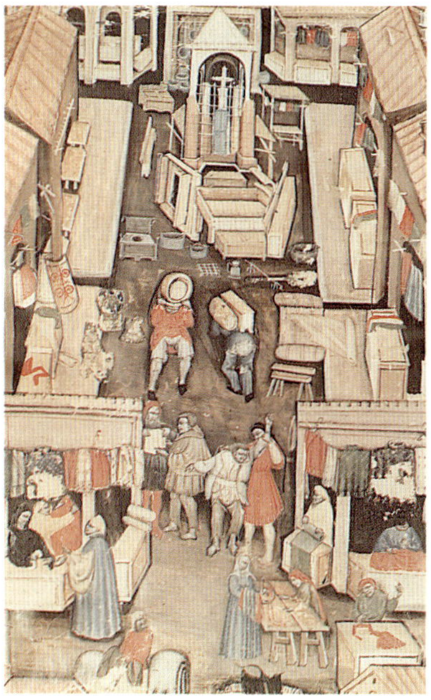

Marché à Bologne au XVe siècle (Museo Civico, Bologne).

La poste au Moyen Âge

Au Moyen Âge, les communications se font mal, l'information ne passe plus, d'où l'impression d'obscurantisme que l'on retient de cette période qui est pourtant celle où la Renaissance est en gestation. En effet, après les grandes invasions il ne subsiste pratiquement plus rien de l'organisation postale de Rome. Chacun circule à ses risques et périls sur ce qui reste des routes.

Construction d'une route (Joseph Vernet, 1714-1789 ; musée du Louvre).

Aux côtés de la « poste du roi » se développent la « poste de l'université » et la « poste des moines ».

La première « poste d'université » est créée en 1224 par les étudiants de la Sorbonne. Elle a un rayonnement européen. Les étudiants qui voyagent d'une université à l'autre sont réunis en *nations*, subordonnées chacune à un *grand messager*. Appelés *messagers volants*, ils portent des lettres dans l'Europe entière. Ils complètent les réseaux des messagers de couvents, avec lesquels ils sont parfois en concurrence.

Quelques abbayes créent des succursales dans leur pays mais également à l'étranger. Il convient alors que les ordres soient transmis de la maison mère aux abbayes rattachées qui, en retour, rendent compte de leurs activités.

La poste s'organise vraiment à partir du XVIe siècle. Louis XII inaugure, en 1506, une nouvelle phase de l'histoire des messageries : il place à la disposition du grand public la Poste royale. Et, peu à peu, ce que l'on appelle la « Grande Poste », celle qui relie villes et villages, se met en place à travers la France. Par opposition, la « Petite Poste »

Conflans-Sainte-Honorine en 1857 (musée de la Batellerie).

gère le transport et la distribution du courrier au sein d'une même localité. Elle met plus de temps à s'organiser et, après une tentative à Paris en 1653, la « Petite Poste » s'étend dans les grandes villes de province : Bordeaux, Nancy, Lyon, Nantes, Rouen et Strasbourg et ne commence durablement son activité qu'à partir de 1758...

Le transport des marchandises

« L'échange est l'outil de toute société économique », a écrit l'historien Braudel. Mais pour échanger, il faut produire, et transporter est vital.

Transport de tissu vers 1814 (Yorkshire, Angleterre).

À l’aube des transports

À travers les siècles, les moyens de transport se développent au fur et à mesure que se crée un réseau routier : nécessité économique mais aussi stratégique, quelquefois au service de visées expansionnistes. Si, au XVe siècle, les transports terrestres sont toujours lents, les rois de France au XVIe siècle vont jeter les bases d’un réseau routier qui deviendra cohérent sous Louis XIV. Avec Colbert apparaît la première économie nationale dirigée des temps modernes : le mercantilisme. Pour dégager une balance commerciale positive, la France n’importera désormais que le strict nécessaire, les manufactures apportant la valeur ajoutée. L’organisation de la production en place, il reste des excédents à exporter d’où la nécessité d’améliorer les voies de communication. Le ministre de Louis XIV multiplie ses interventions pour faciliter la cir-

À l'aube des transports

Le relais des chevaux à l'auberge du Taureau (Ch. Cooper; gravure anglaise; coll. particulière).

Transport de pierres à bâtir (Russie, première moitié du XIXe siècle; musée des Arts décoratifs).

culation routière : il oblige les seigneurs à tenir une comptabilité des péages, nomme des commissaires pour les ponts et chaussées — constitués en corps sous Louis XV — et instaure une corvée, un « dû en jours », consacrée en partie à l'entretien des routes. Ainsi se développe peu à peu un réseau routier à travers le pays.

Si le transport des marchandises est vital, le transport des informations pour contrôler un pays ou développer le commerce l'est tout autant. La circulation des informations a toujours été une nécessité absolue pour un pouvoir central, lequel, parfois, n'hésitait pas à nommer directeur des postes le chef des renseignements.

Quelques années après la Révolution française, le monde du transport et de la logistique va basculer. L'emploi d'énergies nouvelles et de nouveaux moyens d'acheminement vont modifier en moins d'un siècle des données qui semblaient immuables.

Actuellement, l'accélération des flux de marchandises est possible grâce à la diminution des contrôles internes au sein de l'Europe et à l'interconnexion des liaisons routières à travers tout le continent.

La Cité vue du port Saint-Nicolas en 1780 (Alexandre Noël, 1752-1832 ; musée Carnavalet).

Page suivante : *Nicolas Toussaint Mory (1774-1824).*

Les premiers transports de Mory

Calais le 3 fevrier 1816

Monsieur

Commissionnaire du post office de Londres pour la reception et l'envoi des Journaux ; J'ai l'honneur de vous prevenir comme les Diligences ne peuvent plus se charger de cette Librairie que je viens de prendre le parti d'adresser tous vos journaux des 29. 30. 31. & 1 fev. sous le couvert du ministre de la police, veuillez les y faire reclamer — Sollicitez pour l'avenir de l'administ.on Générale des postes aux lettres la permission de faire timbrer vos Journaux ; alors l'envoi Journalier poura s'en faire par la poste avec bien peu de frais — Constament a vos ordres j'executerai l'envoi avec Celerité vous devez connoitre mon activité

Dans l'attente de votre reponse que je vous invite d'affranchir refusant lettres taxées

J'ai l'honneur de vous saluer

N. Mory

rue Citadelle

Na je suiverai la manche ci dessus tant que je recoive des ordres contraires de votre part

Les premiers transports de Mory

À la une des journaux

Au matin du 28 novembre 1815, les lecteurs de la presse anglaise découvrent dans les colonnes de leur journal le texte intégral du traité signé quelques jours auparavant à Paris et qui, en ramenant la France à ses anciennes frontières de 1790, met un terme définitif au grand rêve napoléonien.

Si la nouvelle est évidemment capitale pour l'histoire, l'acheminement de ce texte intégral dans un délai aussi bref constitue un véritable exploit. L'artisan de cette performance est un Français : Nicolas Toussaint Mory.

Calaisien, Nicolas Toussaint Mory est, pour toute l'Europe continentale, le correspondant des «Clercks of Foreign Post Office», qui détient du roi d'Angleterre le privilège exclusif du transport des journaux anglais pour l'étranger et de tous les journaux étrangers pour le Royaume-Uni.

Sous le Consulat et l'Empire, les besoins d'informations sont toujours impérieux et malgré les innombrables difficultés, Nicolas Toussaint Mory réussit à exercer ses fonctions, usant de multiples expédients pour acheminer les journaux en toutes circonstances.

Nicolas Toussaint acheminait pour ses clients les lettres à l'entrée et à la sortie de France. C'était un rôle indispensable à cette époque où l'Union Postale n'existait pas encore. La fonction d'achemineur consistait donc à réexpédier les lettres en choisissant les voies les plus rapides, et en acquittant les taxes à la sortie des pays, les offices postaux ne voulant pas se dessaisir des lettres sans que le port soit acquitté. Les cachets ci-dessus marquaient l'identité de l'achemineur et la date de son envoi.

Page précédente :
Un autographe de Nicolas Toussaint Mory.

Les premiers transports de Mory

« The Tidal boat at Boulogne » (dessin de Illustrated London News *du 9 octobre 1869).*

En 1815, la population calaisienne est durement éprouvée : les années de levées de troupes et de lourdes impositions, les menaces constantes des navires anglais maîtres du détroit, la paralysie portuaire née du blocus continental et le banditisme maritime font régner une insécurité permanente et entraînent une terrible misère. Aussi, comme tous ses compatriotes, Nicolas Toussaint Mory accueille-t-il la paix avec un immense soulagement.

Lorsque les « clerks » lui font part de leur désir de posséder, si possible avant l'ambassade française, le texte du traité, il met tout en œuvre pour réussir.

À cette époque, la distance de Paris à Calais est divisée en trente-cinq postes. Moyennant le prix de 600 francs de Paris à Douvres, Nicolas Toussaint Mory organise l'envoi d'un courrier.

En vingt-deux heures à peine, les postes sont franchies. À Calais, deux navires attendent la dépêche, l'un à rames, l'autre à voiles, prêts à appareiller. Ce jour-là, le vent est favorable, c'est donc le second que l'on choisit. À peine débarqué à Douvres, le document est transmis à une estafette tenue prête depuis plusieurs heures pour filer sur Londres. Elle arrive à 9 heures du soir, on est le 27 novembre ; le document est parti de Paris la veille à midi ; le voyage n'a duré que trente-trois heures.

Entrée du port de Calais par Deroy (Cabinet des Estampes, Bibliothèque nationale).

Les premiers transports de Mory

« La diligence Paris-Calais ». Les voyages étaient encore de rudes épreuves au début du XIXe siècle (musée Postal).

Le 28 au matin, le traité paraît dans les journaux de Londres à l'heure même où la nouvelle est officiellement annoncée à Calais.

On imagine ce qu'il faut d'énergie et d'esprit d'initiative pour assurer en cette période trouble les communications nécessaires aux échanges de presse entre les deux pays.

Sous le nouveau régime, Nicolas Toussaint Mory connaît d'autres difficultés. En effet, l'interdiction du transport des journaux étrangers par les diligences rend obligatoire le recours à la poste au tarif des lettres, ce qui revient à en interdire la circulation.

Nicolas Toussaint Mory développe alors les échanges de marchandises entre la France et l'Angleterre, après avoir été nommé en 1817 correspondant à Calais des Messageries Caillard et du nouveau paquebot qui opère, une fois par semaine, le service direct sur Londres.

Il meurt en 1824, à l'âge de cinquante ans.

Pages suivantes : *Les paveurs de la poussière (Eugène Lami, 1800-1890 ; musée Carnavalet).*

Le métier d'achemineur

Nicolas Jean-Baptiste Mory (1803-1896).

Reproduction d'un daguerréotype de 1855 montrant en bordure de la Liane à Boulogne, sur le quai du Petit Rivage, appelé par la suite boulevard Daunou, la grande maison blanche de l'habitation et des bureaux de Nicolas Jean-Baptiste Mory.

Âgé de vingt-deux ans, son fils, Nicolas Jean-Baptiste, lui succède. Nommé juge au tribunal de commerce de Calais dès l'âge de trente et un ans, il s'associe en 1836 avec Alexandre Vogue, auquel se joint en 1839 son cousin Gabriel Chartier.

La maison Mory a successivement pour nom « Nicolas Mory et Vogue », de 1836 à 1838, « Mory et Vogue », de 1838 à 1861, puis « Mory, père, fils et Vogue », de 1861 à 1868.

Le métier de Nicolas Jean-Baptiste Mory est d'acheminer pour ses clients les lettres à l'entrée et à la sortie de France. C'est un rôle indispensable à cette époque où l'Union postale n'existe pas encore. La fonction d'achemineur consiste à réexpédier les lettres en choisissant les voies les plus rapides et en acquittant les taxes à la sortie des pays, les offices postaux ne voulant pas se dessaisir des lettres sans que le port soit acquitté.

À cette époque, Boulogne devient un véritable carrefour économique. Cette prédominance de Boulogne sur Calais résulte de la faveur des compagnies anglaises de transport et de navigation, ainsi que des meilleurs services de diligence existant au départ de Boulogne vers la région parisienne. La création d'une ligne de chemin de fer Boulogne-Paris favorisera encore cette ville durant un certain nombre d'années.

Voyant l'intérêt que présente Boulogne et son port pour le développement des relations commerciales entre la France et l'Angleterre, les associés y fondent une succursale. Nicolas Jean-Baptiste est chargé de diriger la nouvelle entreprise boulonnaise. En peu de temps, celle-ci devient la maison mère.

En 1868 Louis Vogue et Nicolas Jean-Baptiste Mory se séparent, le premier conserve l'affaire calaisienne et le second l'affaire boulonnaise.

Le rail et le transport

La gare de Bercy.

Au cours du XIXe siècle apparaît un nouveau mode de communication : le chemin de fer. Le rail est déjà connu depuis le XVIIe siècle et utilisé par des chariots dans les mines de Newcastle. En fait, la locomotive est la résultante de diverses inventions des XVIIe et XVIIIe siècles : la force motrice de la vapeur d'eau mise au point par Denis Papin en 1765, la première machine à vapeur de James Watt en 1765 et le premier véhicule automobile à vapeur réalisé par le Français Nicolas Cugnot en 1769.

En 1804, Richard Trevithick fait circuler la première locomotive à vapeur dans une mine. Pourtant, l'opinion doute : il lui semble impossible que la simple adhérence entre une roue métallique et un rail lisse soit suffisante. C'est l'Anglais William Hadley qui démontre le contraire six ans plus tard en faisant rouler une locomotive de huit tonnes capable de remorquer cinquante tonnes à huit kilomètres par heure.

Bientôt, le premier train de voyageurs circule sur la ligne Stockton-Darlington à une vitesse de vingt kilomètres par heure. En France, Marc Seguin perfectionne ces locomotives en leur apportant deux innovations importantes : le tirage forcé et la chaudière tubulaire. Dans le même temps, la ligne Lyon-Saint-Étienne s'achève et, en Angleterre, la ligne Liverpool-Manchester est ouverte.

Page précédente : *Les docks de Cardiff en 1894 (Lionel Walden, 1861-1933 ; musée d'Orsay).*

CHEMIN DE FER DE L

Voitures pour voyageurs de 1re classe

Convoi de waggons char

Voitures pour voyageurs descendant sans chevaux

Convoi de waggons chargés de houille tra

Chemin de fer de Lyon à Saint-Étienne (gravure du XIXe siècle ; Bibliothèque nationale).

Dès lors, le réseau européen, puis mondial, se met rapidement en place et l'on compte, en 1850, quatre-vingt-dix mille kilomètres de lignes dont dix mille cinq cents kilomètres aux États-Unis, dix mille cinq cents en Angleterre, cinq mille huit cents en Allemagne, et un peu moins de quatre mille en France.

Les chemins de fer entraînent une véritable révolution tant économique qu'industrielle. La productivité industrielle et les échanges internationaux s'intensifient rapidement. La réduction considérable du coût de transport permet également l'émancipation du tourisme.

L'essor des chemins de fer débute en 1850 et se prolonge jusqu'en 1900.

Durant cette période, la longueur du réseau est multipliée par dix en Europe et par vingt aux États-Unis. C'est à celui qui développe le

plus long réseau. Le volume transporté modifie alors toute l'économie des transports et fait chuter les prix des transports routiers : nombre de voituriers sont obligés de se recycler ; Mory réorganise sa structure en tenant compte de ce nouveau moyen de communication.

Cette folie d'extension des lignes est générale. Elle est particulièrement caractéristique aux États-Unis : par endroit, les rails sont posés à même le sol, l'essentiel étant la rapidité.

En France, dès 1833, le plan Legrand trace autour de la capitale un réseau en étoile, fixant ainsi la géographie économique du pays. En 1859, six grandes compagnies se partagent les lignes françaises. Le plan Freycinet, en 1878, prévoit une extension de vingt mille kilomètres supplémentaires, le portant alors à quarante mille kilomètres. De nombreuses ramifications de lignes secondaires sont prévues. En effet, dans ces

Le port de Bordeaux en 1804 (Pierre Lacour ; © J. Guillot, Connaissance des arts*).*

Portrait d'Henri Mory (1854-1928) par Francis Tattegrain.

années, les visionnaires envisagent la généralisation des transports ferroviaires mais pas une seconde le développement de l'industrie automobile...

Parallèlement, les premiers « monstres » à vapeur cèdent la place à des engins dont les lignes et les techniques s'affinent. Cette modernisation est rendue possible grâce à trois innovations essentielles : la double expansion ou compundage permet à la vapeur de travailler successivement dans les cylindres à haute pression et dans les cylindres à basse pression, selon le principe de Mallet dont la première application est en place en 1876 sur la ligne Bayonne-Biarritz ; le remplacement du frein à main par le frein à air comprimé automatique inventé en 1872 par l'Américain George Westinghouse est appliqué en France pour les trains de voyageurs de la Compagnie de l'Ouest en 1877 ; enfin, le principe de surchauffe de la vapeur jusqu'à trois cents degrés centigrades est réalisé par l'Allemand Wilhelm Schmidt.

En résumé, le réseau français durant cette seconde moitié du XIXe siècle enregistre une augmentation fabuleuse du nombre de voyageurs-kilomètres, qui passe de cent millions à onze milliards, et du nombre de tonnes-kilomètres qui passe de quatre cents millions à quatorze milliards...

En 1868, Nicolas Jean-Baptiste Mory fonde à Boulogne la société « Mory et Cie » et l'exploite en association avec ses fils Nicolas-Norbert et Edmond.

En 1883, Henry Mory, fils de Nicolas-Norbert, remplace son père dans l'association.

En 1886, la Maison est nommée agent transitaire à Boulogne de la Compagnie des messageries maritimes de France. Dès lors, ses activités se multiplient : transport de fleurs fraîches des bords de la Méditerranée vers l'Angleterre, ouverture d'un bureau à Folkestone, entreposage de sucres et création de magasins généraux agréés par l'État, exportation vers l'Angleterre des fruits primeurs et autres produits agricoles français, ainsi que des vins, etc.

Une dimension internationale

TRANSPORTS
RAPIDES
G. HELMINGER &
21 MESSAGERIES MANCELLES
SERVICE RAPIDE 21
LE MANS 1942

Cycles et automobiles (affiches du XXe siècle; musée des Arts décoratifs).

Mory et la percée automobile

Quelque peu délaissé par l'évolution des chemins de fer, le réseau routier est principalement constitué de pistes plus ou moins sommaires reliant villes, villages ou hameaux contournant prairies et terres cultivées.

Naturellement, l'amélioration des routes passera par la croissance automobile. En Europe, quatre constructeurs sont à l'origine de cette future révolution. En 1889, l'Allemand Gottlieb Daimler réalise un moteur léger à deux cylindres en V. Et en 1890, Daimler et Benz en Allemagne, Panhard et Peugeot en France, construisent quatre véhicules équipés de ce moteur.

De son côté, Dunlop invente en 1887 le premier pneumatique gonflable pour bicyclette et Michelin adapte ce pneumatique pour les automobiles en 1894.

Trois ans plus tard a lieu sur l'esplanade des Invalides le premier salon de l'automobile. Mais son véritable développement commence à partir de 1900. Cette année-là, un perfectionnement notable des moteurs concernant l'allumage par courant haute tension voit le jour. En 1904, la «conduite intérieure» fait son apparition.

Phaéton à pétrole de Panhard et Levassor, 1896 (gravure du XIXe siècle; Bibliothèque nationale).

Les Grands Boulevards
(E. Cortes ;
coll. particulière).

Une dimension internationale

Ce premier quart de siècle permet aux grands fabricants français, Renault, Citroën, etc., de mettre au point de véritables automobiles et de démarrer la construction des camions.

Dès lors, on entreprend la « reconstruction » du réseau routier. En effet, l'ennemi de l'automobile devient la poussière, il faut donc revêtir les anciennes pistes : on se limite tout de même aux grands axes routiers. On fait appel à quelques enduits minces ; il faut attendre les années trente pour que ces constructions se transforment en véritables ouvrages goudronnés propres à assurer le passage d'un trafic croissant.

Donc, à partir de 1868, une organisation de transport va prendre au fil des années une véritable dimension internationale, notamment par la prise de contrôle de sociétés régionales et par l'ouverture de nombreux bureaux et filiales à l'étranger : en Europe et en outre-mer. Ainsi, et pendant près d'un siècle, la société Mory va s'affirmer à travers les différents modes de communication.

Transformer et informer : une impérieuse nécessité économique, certes, mais parfois instrument de domination. Ainsi, en 1939, l'Allemagne possède le plus beau réseau autoroutier du monde. Tout porte à croire que sa construction n'a pas eu pour seul but d'accélérer le transport des marchandises.

Il n'en est pas moins vrai que la densification et la complexité des réseaux s'affirme en parallèle avec la transformation des moyens de communication. Commence l'ère des grandes entreprises de transporteurs et l'évolution de la construction automobile donne naissance à des engins de plus en plus grands, mais aussi de plus en plus rapides et aux agencements intérieurs diversifiés afin de convoyer tous les types de marchandises, y compris les denrées périssables. La concurrence transport route-rail est née.

Cette progression du réseau routier ne va pas sans quelques problèmes d'ordre économique. En effet, les différents États européens avaient tout misé sur l'expansion du trafic des chemins de fer. Il s'opère alors, pour ne pas aggraver le poids des impôts directs ou indirects, un véritable transfert des obligations de service public.

Le steamer
Le Frigorifique *(transport de viandes) d'après les croquis de M. V. Meunier;*
L'Illustration, *1876.*

Le S1S Lieutenant Robert Mory *à Boulogne.*

Dans les années 1934-1935, devant le déficit croissant des compagnies de chemin de fer, le gouvernement décide de figer l'activité des entreprises concurrentes, tant sur route que sur canaux. Des mesures de contingentements limitent la charge utile de chaque entreprise routière en fonction du rayon d'action de chaque véhicule. En même temps, la croissance du parc de péniches est stoppé. En contrepartie, il est interdit aux chemins de fer de se constituer un parc de véhicules routiers. Cette mesure sera par la suite assouplie et aujourd'hui complètement tombée en désuétude.

Mory et l'évolution de la marine marchande

Déjà bien présente au Moyen Âge, la marine marchande prend son essor avec l'apparition des navires à vapeur au cours de la seconde moitié du XIXe siècle. Le gros avantage de cette nouvelle technique est

Le S1S Nicolas-Jean *de la flotte charbonnière Mory en 1925.*

l'organisation du voyage. On est en mesure de prévoir : les navires n'étant plus dépendant du vent, leur vitesse étant désormais contrôlable, le commerce maritime s'organise.

L'ouverture du canal de Suez, en 1869, contribue grandement à cet essor. De plus, la construction de coques en acier rend les navires plus solides et également plus spacieux. Enfin, l'apparition de la propulsion à hélice représente un progrès considérable. Les lignes régulières se développent et, parallèlement à l'augmentation de demande de transport maritime, s'accroissent les besoins de fret, notamment sous l'impulsion des chemins de fer qui facilitent les relations entre rivages et arrière-pays.

Jusqu'à la Première Guerre mondiale, la suprématie anglaise en matière de marine marchande est indiscutable. Durant la guerre, de nombreux cargos sont coulés : six mille six cent quatre navires marchands représentant douze millions huit cent cinquante mille huit cent quatorze tonneaux.

Le Havre, vue du port et des chantiers au XVIIe siècle (Bibliothèque nationale).

Conscients de toutes ces pertes, les États-Unis et la Grande-Bretagne accélèrent les mises en chantier pour les combler. Il en résultera un tonnage disponible trop important par rapport à la demande du moment et l'obligation de mettre en place une politique d'aides et de subventions gouvernementales.

La maison Mory n'a pas été épargnée par les pertes navales. Dès avant 1914 Mory était de loin la plus importante entreprise du nord de la France pour les importations de charbon. Durant la guerre, l'occupation par les Allemands du Nord et du Pas-de-Calais entraîne une importation considérable de charbon. Pour cela, Mory et Cie utilisera tous les transports maritimes possibles, y compris chalands et bateaux de pêche. En dépit des difficultés en Angleterre, du manque de bateaux et de l'encombrement des ports, le tonnage importé par Mory est de quatre cent quarante quatre mille trois cent vingt-huit tonnes en 1917, contre cent trente-trois mille huit cent vingt-trois tonnes en 1914. Pourtant, durant cette période, Mory et Cie perd dix-huit navires coulés avec leur chargement…

Mory et les combustibles

Durant les vingt années qui séparent les deux guerres mondiales, les activités charbonnières dominent la vie de Mory et Cie. Désormais, l'Angleterre ne détient plus le monopole des fournitures de charbon et la France se tourne vers d'autres pays, dont la Pologne.

Dès le lendemain de la guerre, Mory et Cie se dote de huit cargos charbonniers et ouvre des succursales à vocation charbonnière dans plusieurs villes françaises : Amiens en 1922, Lille en 1929, Sedan en 1930. De plus, Mory et Cie développe ses affaires de combustibles en charbons français, nouant des relations étroites avec diverses compagnies minières du bassin du Nord et du Pas-de-Calais, Courrières et Aniche en particulier, ainsi qu'avec les Houillères de Lorraine.

Mais la poursuite de l'activité charbonnière ne néglige pas l'activité transport de la maison qui, bien que secondaire, connaît un important développement : de nouveaux trafics s'ouvrent avec les pays de l'Europe centrale, au premier rang desquels figure la Pologne.

Cette formidable croissance est due à Eugène Masset qui, en 1924, devient l'associé d'Henry Mory et de son frère Ernest.

À la mort des deux frères (Henry Mory en 1928 et Ernest en 1932), Eugène et Robert Masset se retrouvent gérants de la société conjointement avec Georges Mory.

Le déchargement et le stockage des charbons au quai Nord du bassin Loubet à Boulogne en 1920.
Le même quai en 1925 équipé des grands portiques de déchargement.

Le port de Boulogne en 1888 (tableau de Louis Carrier-Belleuse).

Percevant l'avenir qui s'ouvre sur les produits pétroliers dans le domaine de l'énergie, Eugène Masset engage, vers 1930, des études avec des groupes pétroliers, notamment avec la toute jeune Compagnie française des Pétroles.

Mory, les aléas et l'évolution

Les diverses créations réalisées par Eugène Masset transforment profondément la société et la maison se trouve en plein essor lorsque éclate la guerre en 1939.

Durant la guerre, les ports de Dunkerque à Bayonne sont occupés par les armées allemandes et quasiment fermés aux activités civiles. Cependant, les ports de la Méditerranée restent libres, tout au moins jusqu'en 1942, et permettent les échanges avec l'Afrique du Nord.

En 1941, sous l'égide d'une nouvelle société filiale tout d'abord dénommée Société africaine des Ets Mory, puis Compagnie coloniale industrielle et commerciale, des agences Mory sont ouvertes dans différentes villes d'Afrique noire, du Sénégal au Dahomey. La chaîne s'étend par la suite au Cameroun. Il s'agit alors de traiter des opérations de négoce colonial de marchandises et de produits, et aussi de créer des services de transport.

Mory : l'Histoire, une fatalité ; l'évolution, une nécessité

Ainsi Mory évolue constamment pour s'adapter aux nouvelles réalités, mais il faudra attendre les années cinquante pour que les transports par route prennent véritablement leur essor, favorisés par la modernisation des infrastructures routières et autoroutières. Se mettent aussi lentement en place, par les décrets de 1949 puis 1961, l'organisation et la réglementation de la profession. Les dirigeants de la société discernent alors les orientations à donner au transport des marchandises

L'immeuble de la rue du Pot d'Étain à Boulogne en juin 1944. Les services de Mory avaient vécu dans cet immeuble après 1940, les Allemands occupant tous les immeubles des quais.

que Mory et Cie va promouvoir au premier rang de son développement en prenant des participations dans des sociétés spécialisées dans l'affrètement routier : la STAR, installée dans les départements de Normandie, les Transports Eigner, en Lorraine, et les Transports de l'Ouest, d'origine nantaise.

En 1965, les sociétés STAR et Eigner sont absorbées par les Transports de l'Ouest qui deviennent Transports de l'Ouest européen. Cette fusion donne naissance à une société unique regroupant environ vingt-cinq succursales réparties sur l'ensemble du territoire national.

C'est ce premier maillage de l'Hexagone qui ouvre à Mory les portes de l'avenir et de la communication entre les hommes au-delà des nationalismes étriqués. Car le métier de transporteur, si divers, est aussi un métier de contacts avec des interlocuteurs de toutes les professions et de tous les pays et son succès est le fruit de la collaboration des hommes entre eux.

Les fardiers au port de Flandres à Paris en 1894 (Bibliothèque des Arts décoratifs).

L'essor de la consommation et le transport

7123
MORY-TNTE
1360 RQ 79
CHEMINEE

Dans le courant des années 1960, les États-Unis sont en plein cœur de la société de consommation. Il faut attendre une dizaine d'années pour qu'elle soit effective en France et en Europe.

Pour l'instant, les différentes structures se mettent en place pour une meilleure distribution de la production. L'élargissement et le choix croissant des modes de transport, même s'ils entraînent une concurrence favorable, créent un certain déséquilibre économique : c'est le cas du développement des transports aériens par rapport à la marine marchande pour les acheminements rapides.

Mory et l'avion

Se maintenir, c'est évoluer constamment, se restructurer, s'adapter aux nouvelles possibilités offertes par les techniques de pointe touchant aux transports afin d'assurer un service sans cesse plus rapide et diversifié.

Grâce aux progrès de la construction aéronautique depuis les années vingt, l'aviation prend son essor. Au fil des ans les appareils accroissent leurs performances et supportent d'acheminer des charges de plus en plus lourdes.

Les transports aériens

Depuis de nombreuses années, l'aviation civile se développe pour transporter passagers et fret. L'une des premières applications de ce type de transport remonte à la fin de la Première Guerre mondiale. Dès cette période, l'aviation assure le transport du courrier, comme en d'autres temps la poste fut à l'origine du développement du transport. Dans un premier temps, ce service quotidien est exclusivement utilisé pour la correspondance militaire mais, bientôt, on confie à l'aviation le soin d'assurer l'ensemble du transport de la correspondance civile. L'aéropostale développe alors son réseau et, dès les années trente, le courrier est aussi bien acheminé au Maroc, qu'en Afrique ou en Asie.

Dès 1946, le rapport d'activité de la société souligne l'intérêt que présente l'exploitation commerciale à grande échelle des transports aériens de marchandises.

Ainsi les années d'après-guerre connaissent-elles un développement rapide et intéressant des positions de Mory dans ce domaine, principalement dans les échanges avec les États-Unis, échanges qui se font alors par l'aéroport du Bourget.

Après une période de stabilisation, cette activité reprend une nouvelle vigueur à la fin des années soixante. La nouvelle génération des aéroports internationaux permet d'accroître la capacité de fret des avions. Aussi les compagnies aériennes s'intéressent-elles au transport des marchandises qui répond à un besoin croissant du commerce. La crise de l'énergie et le renchérissement de son coût n'ont pas enrayé la courbe ascendante des tonnages transportés depuis lors.

À Roissy, dès l'ouverture de l'aéroport Charles-de-Gaulle en 1974, Mory installe ses services parisiens qui traitent désormais la majeure partie de ses opérations.

Mory, la route et l'Europe

Entamée depuis la fin de la Seconde Guerre mondiale, la construction et l'aménagement du réseau autoroutier français et européen ont pour effet de modifier l'économie des transports. Ces autoroutes constituent la meilleure solution technique au problème routier moderne : elles permettent, d'une part, l'écoulement du trafic dans d'excellentes conditions de sécurité (deux et demi à trois fois moins d'accidents par véhicule au kilomètre que sur les routes ordinaires) et, d'autre part, de réduire les temps de transport.

Très vite, l'aménagement de ce réseau dépasse le cadre national, et les nations d'un même continent se concertent pour établir communément des itinéraires internationaux homogènes qui répondent aux besoins des transports routiers à longue distance. Un Comité des transports intérieurs créé par l'ONU se met en place pour dresser la carte

En Afrique noire, ici à Abidjan, Air Mory réceptionne les groupages en provenance de France.

Transports G. Helminger SA, Montreux-Vieux, 68210 Dannemarie.

des grands axes de trafic international. Les nations concernées s'engagent à donner à ce réseau des caractéristiques géométriques communes et à standardiser les divers panneaux de signalisation.

L'extension de ce réseau autoroutier est alors très rapide : en 1972, il représente en France mille sept cents kilomètres ; dix ans plus tard, il compte plus de cinq mille kilomètres.

Pourtant la construction d'une autoroute nécessite des fonds importants (un kilomètre d'autoroute coûte, expropriations comprises, entre quatre et quarante millions de francs selon que le relief est tourmenté et les zones traversées plus ou moins urbanisées), et le financement de ces ouvrages neufs pose des problèmes importants et relativement nouveaux.

Désormais, la structure des transports est établie, la France entre en pleine société de consommation de biens et d'informations et Mory et Cie, devenue Mory SA en 1962, se porte acquéreur de nouvelles sociétés de transport régional, renforçant ainsi son implantation nationale, tout en poursuivant son développement européen.

L'ouverture du Marché commun et son élargissement facilitent progressivement les échanges avec l'Allemagne, le Benelux, l'Italie, l'Autriche, l'Angleterre, le Portugal, l'Espagne et les pays scandinaves.

Le groupage à l'exportation, le dégroupage à l'importation sont là encore la forme spécifique de l'activité de Mory. L'agence de Paris y joue un rôle pilote, créant les lignes de groupage communautaires et nouant avec les partenaires européens les relations de correspondance et d'échange selon les principales régions à desservir.

En 1958, les formalités douanières ne sont pas encore simplifiées mais en revanche les procédures évoluent, raccourcissant de façon appréciable les délais de transports intracommunautaires. Ainsi les opérations aux frontières se réduisent au profit des dédouanements sur les lieux de réception ou des mises en TIR (Transports internationaux routiers) aux lieux d'expédition.

Mory dans le monde d'aujourd'hui

Mory dans le monde d'aujourd'hui

Mory l'a démontré, durer et progresser c'est anticiper, s'équiper des outils les plus performants, se recentrer sur ses métiers pour être concurrentiel et offrir toujours davantage à ses clients. Ainsi, parallèlement au recentrage de ses activités, principalement sur le transport terrestre européen et national, Mory cédera en 1987 l'activité combustible et en 1990 l'activité «overseas».

La diversification du métier de transporteur oblige les grandes sociétés à se spécialiser et s'allier pour être complémentaires et offrir un service de plus en plus fiable. Mory et Helminger conçoivent et mettent en place le système national TNTE*. Il comprend soixante-quinze agences appartenant à plusieurs sociétés filiales. Celles-ci permettent désormais de couvrir l'Hexagone avec leurs moyens propres grâce à un réseau intégré.

Le réseau TNTE fonde les bases théoriques et pratiques de la future société : un même esprit d'entreprise, des techniques et des méthodes de travail identiques, un système commun de communication et d'information pour cent dix points d'implantation répartis sur l'ensemble du territoire national.

* Transport national trois étoiles = centre de transit.

Mory dans le monde d'aujourd'hui

Le groupe et son évolution

Durant cet exercice, le groupe Mory s'est modifié, d'une part en renforçant la structure de la société Holding, d'autre part en se recentrant sur son secteur clé, à savoir celui du transport.
L'évolution majeure de cet exercice 1987 a été le désengagement du négoce des combustibles qui fut entre les deux dernières guerres la principale activité de la société Mory et qui a fortement contribué à son développement. Le groupe ne serait pas ce qu'il est s'il n'avait bénéficié des ressources financières dégagées par cette activité de négoce pendant plus d'un demi-siècle.
La baisse de la consommation des combustibles solides et liquides et l'abondance des produits disponibles rendent ce marché de plus en plus concurrentiel, nécessitant des regroupements d'entreprises.
Il fallait choisir entre grossir soi-même par acquisitions externes... ou grossir les autres.
Le Conseil d'Administration a pensé que le transport était la vocation prioritaire du groupe Mory et qu'il était sage d'alléger les engagements dans le commerce des combustibles représentés par Mory Combustibles et la SA des Pétroles Mory (SAPM).
Dans cette même optique de recentrage, Mory vend en mai 1990 son activité maritime et aérienne.

Mory-TNTE est l'aboutissement d'une réflexion stratégique qui conduit le groupe à redéfinir ses structures en vue d'une meilleure adéquation au marché. Ainsi, Mory-TNTE bénéficie de l'expérience et de la compétence des équipes issues des différentes sociétés qui lui ont apporté leur savoir-faire et leurs connaissances professionnelles.

Peu d'entreprises ont le pouvoir de mobiliser de tels moyens. En effet, Mory-TNTE est organisé en fonction des différentes composantes de la chaîne logistique, c'est-à-dire, essentiellement, des produits, des moyens de stockage et de distribution, des marchés. L'ensemble des moyens mis en œuvre par le groupe comprend :

— une organisation européenne avec des filiales, des délégations, des partenaires associés et des correspondants agréés ;
— des équipes spécialisées par type d'activité ;
— des produits mis au point et proposés par le réseau ;
— un système d'information et de communication qui relie, coordonne et gère tous les éléments de cet ensemble.

Ce souci d'intégrer les différentes dimensions de la logistique conduit Mory-TNTE à s'organiser à la fois en fonction des zones géographiques de provenances et de destinations, et des moyens de transport utilisés pour atteindre chacune d'entre elles.

Ainsi, l'organisation de ce réseau est structuré en deux grandes parties : le réseau européen et le réseau national.

Cette organisation lui permet d'offrir à sa clientèle cinq prestations répondant aux exigences les plus pointues.

La messagerie nationale intégrée

Le service de proximité, assurant une livraison dans un délai moyen de vingt-quatre à quarante-huit heures, qu'il s'agisse de l'expédition d'un simple colis ou de plusieurs tonnes, a été rendu possible par un réseau d'implantations couvrant tout l'Hexagone et par mille cent lignes régulières qui relient chaque jour entre elles toutes les villes de France, et le maillage informatique qui permet au réseau et à ses clients de connaître au jour le jour le sort des expéditions.

Mory dans le monde d'aujourd'hui.

Un réseau national : Mory présent tous les jours, partout en même temps.

MORY-TNTE
BIARRITZ
MORY-TNTE
IVECO
4858-RB 92

MORY-TNTE
STRASBOURG
Maison des Tanneurs

MORY

FRAGILE
Canon
72
24

La messagerie européenne

S'appuyant sur un réseau complet de filiales et de partenaires, Mory renforce ses prestations sur l'Europe. Déjà cent quatre-vingts lignes régulières relient tous les pays du continent et en desservent les principales villes. La vision européenne de Mory englobe le continent de Dunkerque à l'Oural.

La logistique des produits à risque

Avec pour impératif le respect de la nature, Mory Protect prend en charge tous les produits dangereux et les gère au long de sa chaîne logistique grâce à une flotte de véhicules conformes aux normes de sécurité, des équipes formées à la maîtrise des risques et un réseau d'entrepôts classés garantissant à l'environnement un niveau exceptionnel de protection.

Le stockage associé au transport

Par l'intermédiaire de son réseau de stockage intégré dans celui de sa messagerie, Mory offre une logistique complète. Ses plates-formes disposent de moyens informatiques performants qui gèrent les entrées, les préparations de commandes, les inventaires et les expéditions.

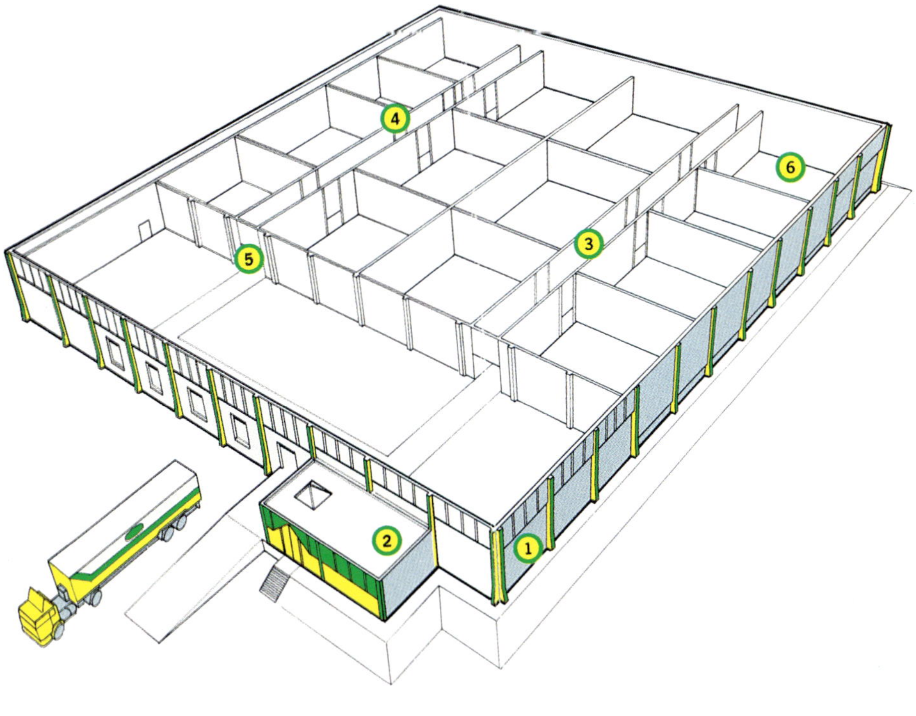

Saint-Pétersbourg, Budapest, Minsk, Astrakhan, Kiev...

Les marches de l'Est ne sont pas terre inconnue pour Mory. Ses camions sillonnent depuis de nombreuses années l'ex-RDA, la Hongrie, la Russie, la Pologne, la Tchécoslovaquie, la Roumanie et la Bulgarie.
Un exemple : à raison de 14 départs par semaine, Mory relie Paris à la plupart des villes de l'ex-Union soviétique : Saint-Pétersbourg, Minsk, Astrakan, Arkhangelsk, Rostov, Kiev...
À Moscou, où Mory est implanté depuis 25 ans par l'intermédiaire de sa filiale Etex, une nouvelle entité de droit russe aura pour vocation de gérer une plate-forme de 1 500 m².
Mory ETEX joue la qualité du service rendu à l'import comme à l'export.
Dans un pays où la plupart des infrastructures sont à reconstruire, il offre la sécurité d'un service « à l'occidentale », compte tenu, bien sûr, des contraintes locales...

Mory Protect : une logistique de prévention.
1. Synoptique de sécurité et prises d'alimentation extérieure des sapeurs-pompiers.
2. Tableaux électroniques des installations de sécurité.
3. Couloir d'accès aux cellules. Portes coupe-feu.
4. Manutention.
5. Moyens de premiers secours.
6. Organisation du stockage.

Le siège actuel de Mory à Vincennes près de Paris.

L'axe franco-allemand

Comme en politique, la mise en œuvre d'une stratégie européenne d'échange d'informations passe par l'axe franco-allemand.
À l'initiative de Mory et de Thyssen Haniel Logistic (8 000 salariés, 3 milliards de deutsche Mark de chiffre d'affaires dont la moitié en transport terrestre), un GIE a été créé pour développer les Échanges de Données Informatisées entre les grands transporteurs européens, sur la base de la norme internationale de transaction INOVERT. Ce GIE, baptisé GLEDIT (Global EDI Transport), favorise actuellement l'interconnexion des réseaux télématiques.

L'EDI

L'EDI — Échange de données informatisées ou Electronic Data Interchange — implique que l'ordinateur « receveur » puisse comprendre les informations transmises par l'ordinateur « émetteur », ce qui est parfaitement réalisable au moyen d'un interface ; mais le risque est grand de voir apparaître un foisonnement d'interfaces si chaque entreprise veut pouvoir communiquer avec plusieurs autres.
La solution réside dans l'emploi par tous d'un langage commun vers lequel chacun ne devra avoir qu'un seul type de traduction. C'est l'approche préconisée par les instances internationales qui encouragent actuellement cette démarche. Encore faut-il que ce langage soit défini à partir d'éléments standardisés au plan international pour permettre les échanges intersectoriels.
L'EDI présente de nombreux avantages. Il permet notamment de :

- gagner sur le TEMPS car il accélère les opérations ;
- gagner sur la QUALITÉ. Une fois l'information correctement saisie, elle circule sans altération entre tous les intervenants ;
- gagner en COMPRÉHENSION. Grâce à un langage commun, la communication à l'intérieur de l'entreprise et avec ses partenaires est améliorée ;
- gagner en CONFIANCE. L'information en temps réel apporte une relation nouvelle : la transparence ;
- gagner en PRODUCTIVITÉ. L'information est obtenue plus rapidement, en toute sécurité et de façon interactive, en évitant notamment les multiples saisies, sources d'erreurs et de pertes de temps.

EDIFACT

Le sigle dérive de l'anglais Electronic Data Interchange For Administration, Commerce and Transport. Cet ensemble de règles définit la structure des messages et l'assemblage des éléments contenus…

Élaboré en Europe, il a été adopté par les instances de normalisation des États-Unis.
Pour l'Europe de l'Ouest sa mise en œuvre est supervisée par l'EDIFACT BOARD dont le secrétariat est assuré par la Commission de Bruxelles avec le relais des organisations nationales de simplification : DEUPRO en Allemagne, SIMPROFRANCE en France, SITPRO en Grande-Bretagne, SWEPRO en Suède...

INOVERT

*Les messages Inovert (*International Over*land* T*ransport) constituent un langage commun mis à la disposition de toutes les entreprises impliquées dans une activité commerciale et dans le transport pour permettre l'échange de données informatisées. Les marques Inovert ont été conçues sur les bases des règles ISO (International Standardisation Organisation) éditées par l'ONU en langage EDI.*

Les messages INOVERT

L'équipe technique du GTF, composée d'exploitants et d'informaticiens d'importantes sociétés européennes de transport, a dressé l'inventaire des informations — éléments de données — nécessaires à chacun des intervenants de la chaîne des opérations de transport pour l'exécution de la tâche qui lui est dévolue.

Ensuite ont été sélectionnées les informations devant être transmises d'étape en étape en allant de l'expéditeur ou donneur d'ordres jusqu'au destinataire.
L'expéditeur ayant déjà, dans son système informatique pour ses propres besoins, presque toutes les informations nécessaires aux commissionnaires en transport, transitaire ou organisateur du transport, la transmission électronique permet d'alimenter l'ordinateur de ce dernier dès l'enlèvement des marchandises ou leur arrivée au quai départ.

Le schéma ci-dessous établi par le GTF (Group of Terrestrial Freight Forwarders) sert la base au maillage européen de ESA (European Strategie Alliance).

Toute cette organisation si complexe n'aurait pu voir le jour sans l'informatique. Mory, conscient des performances et des avancées que cet outil peut apporter, s'est doté d'un réseau entièrement intégré : agences, moyens de transport et systèmes d'information couvrant l'ensemble du territoire national et son extension sur toute l'Europe.

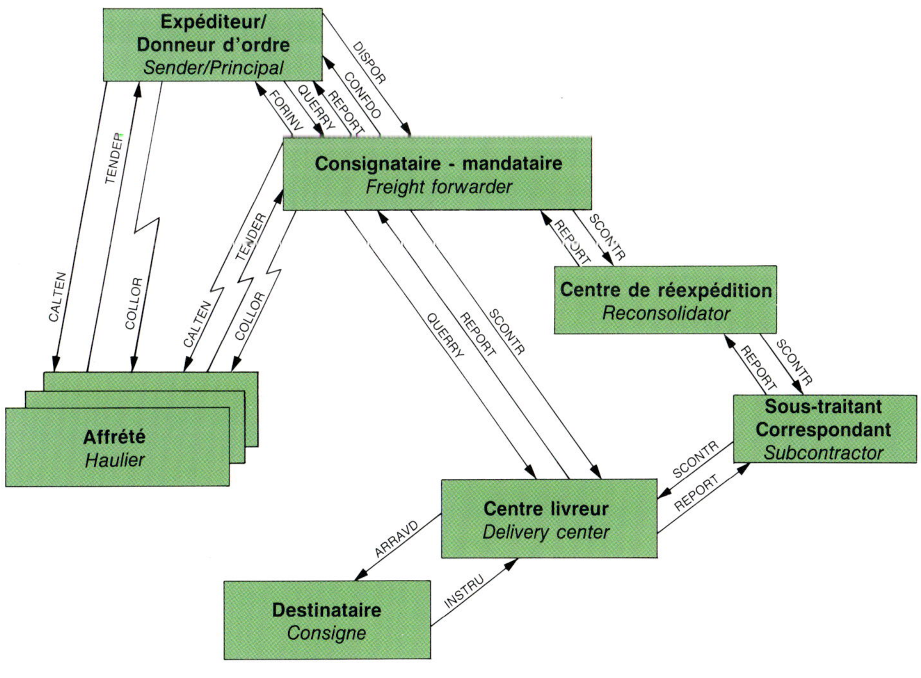

La logistique,
une dynamique pour l'avenir.

Le transport express intégré

Enfin, pour les entreprises pour lesquelles ponctualité et délai sont impératifs, Mory dispose de son réseau intégré sur tout le territoire et peut de la sorte garantir une livraison jour B avant midi pour tout colis enlevé jour A.

Mory et la logistique Novalliance

La logistique était la gestion d'un flux de marchandises, c'est aujourd'hui la gestion d'un ensemble de systèmes : physique, informatique, financier.

La logistique des chargeurs, d'intégrée, s'« externalise » de plus en plus. L'époque des entrepreneurs qui font tout par leurs propres moyens étant révolue, voici l'heure des opérateurs professionnels. Novalliance avec ses trois opérateurs : Mory, Transalliance et Stockalliance, apparaît désormais comme un des principaux acteurs européens du secteur logistique.

Mory, dont l'activité messagerie est relayée hors des frontières par la mise en place d'alliances privilégiées avec des partenaires de taille internationale : Thyssen Haniel Logistic en Allemagne, Schier-Otten en Autriche, DFDS en Scandinavie, etc., est l'entité la plus importante dans la trilogie logistique de Novalliance.

Mory dans le monde d'aujourd'hui

Transalliance, l'un des leaders de l'affrètement terrestre national, est également implanté dans les principaux pays européens.

Stockalliance, un des premiers réseaux nationaux d'entrepôts : vingt-huit sites couvrant cinq cent mille mètres carrés en 1992, est capable de traiter les opérations de stockage, manutention, façonnage, préparation de commandes et distribution, et couvre également l'Europe.

Enfin, le regroupement dans Europrotect des activités de Mory et de Stockalliance pour ce qui concerne le stockage et la distribution de produits dangereux soumis à réglementation positionne le groupe comme leader européen incontesté dans ce domaine.

Aujourd'hui l'Europe

3572443
LETTRE DE VOITURE INTERNATIONALE
INTERNATIONAL CONSIGNMENT NOTE
DESTINATAIRE
FEUILLE DE ROUTE
CTRL
Tab.
MAJ.
min.
Caractère
composé

Aujourd'hui l'Europe

Réseaux, maillages, logistique, mises en œuvre de stratégies... Tout transport suppose la réunion d'innovations techniques essentielles et une coopération entre les hommes ; avant-hier pour la découverte du monde nouveau, hier pour la conquête de l'espace, demain pour la construction d'une ville dans les étoiles, aujourd'hui, plus prosaïquement pour la conquête de l'Europe.

Professionnel de l'échange, Mory considère que l'Europe, au-delà d'une chance, est une nécessité car la non-Europe aurait un coût économique et social désastreux.

Par son métier, Mory sait depuis toujours que la construction européenne est inéluctable. Depuis l'« éveil de l'Occident », cette idée n'a cessé de dominer la stratégie des États. Les faits ont découragé tous les conquérants, la force a échoué jusqu'à nos jours. Mille ans ont été nécessaires pour le comprendre, sans regrets, mais avec espérance.

D'aucuns disent que l'Europe est contrainte d'exister à cause des pressions extérieures exercées par les autres blocs économiques et politiques. La réponse est qu'il y a nécessité pour tous et qu'on bâtit durablement ensemble par désir et non par obligation.

Par définition les transporteurs sont des hommes et des femmes d'échanges et de dialogue, et les peuples au-delà des politiques font la profession de foi d'Erasme : « Le monde entier est notre patrie », l'Europe est une étape vers un marché plus vaste encore qui sera un jour celui de la planète entière.

Pour construire, il faut de la volonté, de l'énergie, des matériaux et de la compréhension. Au désir d'être constructifs avec d'autres, s'ajoute celui de former les Européens de demain.

Table des matières

Crédits photographiques

Agence Désignation : p. 70.

Jean-Loup Charmet : p. 12, 21, 22-23, 33, 47, 54.

Edimedia : p. 9, 10, 38-39, 47.

Hubert Josse : p. 4-5, 7, 8, 11, 13, 14, 15, 16-17, 18, 20, 23, 24, 30-31, 34, 36-37, 43, 45, 50.

Patrick Zachmann, Magnum Photos : p. 35.

Collection Mory-X : p. 25, 26, 27, 28, 29, 32, 40, 48, 49, 51, 53, 59.

Documents Mory : p. 41, 42, 53, 55, 56, 59, 65, 66, 67, 69, 72, 73, 74, 75, 76.

Directeur de la production : Philippe Lorin
Recherches : Sylvie Chauby
Maquette intérieure et couverture :
Didier Thimonier et Isabelle Fritsch
Collaboration : Guy Authier, Yolande Lowy

Cet ouvrage, composé par
Charente Photogravure à Angoulême,
a été achevé d'imprimer au 2e semestre 1992
par BPS San Sebastian

Dépôt légal : 2e semestre 1992
ISBN : 06-209-2
N° d'édition : 12705
Imprimé en Espagne

INFCO PRODUCTIONS